"
"정말 굉장한 곡이에요."
사람들은 베토벤의 연주에 빠져들었어요.
그런데 어느 날 갑자기 소리가 들리지 않았어요.
'내가 소리를 들을 수 없다니!
그럼 이제부터 어떻게 음악을 하지?
하지만 베토벤은 어려움을 이겨 냈어요.
"

교과서에 연계된 작품이에요!

〈베토벤은 음악을 좋아해〉
- 도덕 4   1. 최선을 다하는 생활
- 음악 5   3. 음악의 여러 모습

좋은 책이 되도록 감수해 준 선생님

어린이를 하늘만큼 사랑하는 선생님 김완기
한국아동문학회 중앙위원장, 한국아동문학회 수석부회장, 국제펜클럽·한국문인협회·
한국저작권협회 회원입니다. 서울서래초등학교 교장으로 일했습니다.
서울신문 신춘문예에 당선되었고, 한국아동문학작가상, 한정동아동문학상,
대한민국동요대상을 받았습니다. 쓴 책으로 〈내 배꼽이 더 크단 말야〉,
〈엄마, 이게 행복인가 봐〉, 〈마음을 따뜻하게 해 주는 101가지 이야기〉 등이 있습니다.

어린이를 땅만큼 사랑하는 선생님 이창수
한국문인협회 아동문학분과 회장, 한국아동문학회 부회장, 국제펜클럽 회원입니다.
어린이 책 출판사 편집국장으로 일했습니다. 한국아동문예작품상, 한국아동문예상,
한국아동문학작가상, 김영일아동문학상을 받았습니다. 쓴 책으로 〈정수가 위험해〉,
〈우주여행〉, 〈공포의 진주 동굴〉, 〈따뜻한 남쪽 나라〉 등이 있습니다.

어린이를 바다만큼 사랑하는 선생님 김병규
소년한국일보 편집국장으로 일하고 있습니다. 한국일보 신춘문예, 중앙일보
신춘문예에 당선되었습니다. 대한민국문학상, 소천아동문학상,
해강아동문학상을 받았습니다. 쓴 책으로 〈희망을 파는 자동판매기〉,
〈나무는 왜 겨울에 옷을 벗는가〉, 〈요리사의 입맛〉,
〈그림 속의 파란 단추〉, 〈아침에 부르는 자장가〉
등이 있습니다.

멋진 글을 쓴 선생님 해랑
밀양에서 태어나 이화여자대학교를 졸업했습니다.
소설과 어린이를 위한 글을 썼습니다. 쓴 책으로 〈까치 전쟁〉, 〈작은 씨앗이 꾸는 꿈〉,
〈숲〉, 〈쌀 박물관〉, 〈찰리 채플린〉, 〈우리 꽃 세밀화〉 등이 있습니다.

예쁜 그림을 그린 선생님 이남구
한국출판미술협회회원, 리얼리티 회원입니다. 제1회 IPC 국제그림동화원화전에
초대 출품했습니다. 어린이문화진흥회 동시화공모전 기성부문 동상을 수상했습니다.
현재 프리랜서 일러스트레이터로 활동하고 있습니다. 그린 책으로 〈백두대간 호랑이〉,
〈을지문덕〉, 〈오르페우스의 사랑〉 등이 있습니다.

예술과 문화 64
베토벤은 음악을 좋아해

총기획 및 발행인 박연환
발행처 한국톨스토이
출판신고 제406-2008-000061호
본사 경기도 성남시 분당구 대왕판교로 34번길 23 한국헤르만헤세 빌딩
대표전화 (031)715-7722 | 팩스 (031)786-1100
고객 문의 080-715-7722

기획·디자인 이은선, 김현정 | 교정 정은교, 김희정, 이영혜, 김지균, 이승희, 윤정민
ⓒ Korea Tolstoi

이 책의 저작권은 한국톨스토이에 있습니다. 본사의 동의나 허락 없이는
어떠한 방법으로도 내용이나 그림을 사용할 수 없습니다.

⚠ 주의 : 본 교재를 던지거나 떨어뜨리면 다칠 우려가 있으니 주의하십시오.
고온 다습한 장소나 직사광선이 닿는 장소에는 보관을 피해 주십시오.

64

통큰 인물이야기

베토벤은 음악을 좋아해

글 해랑 그림 이남구

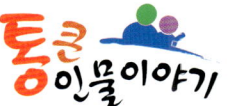

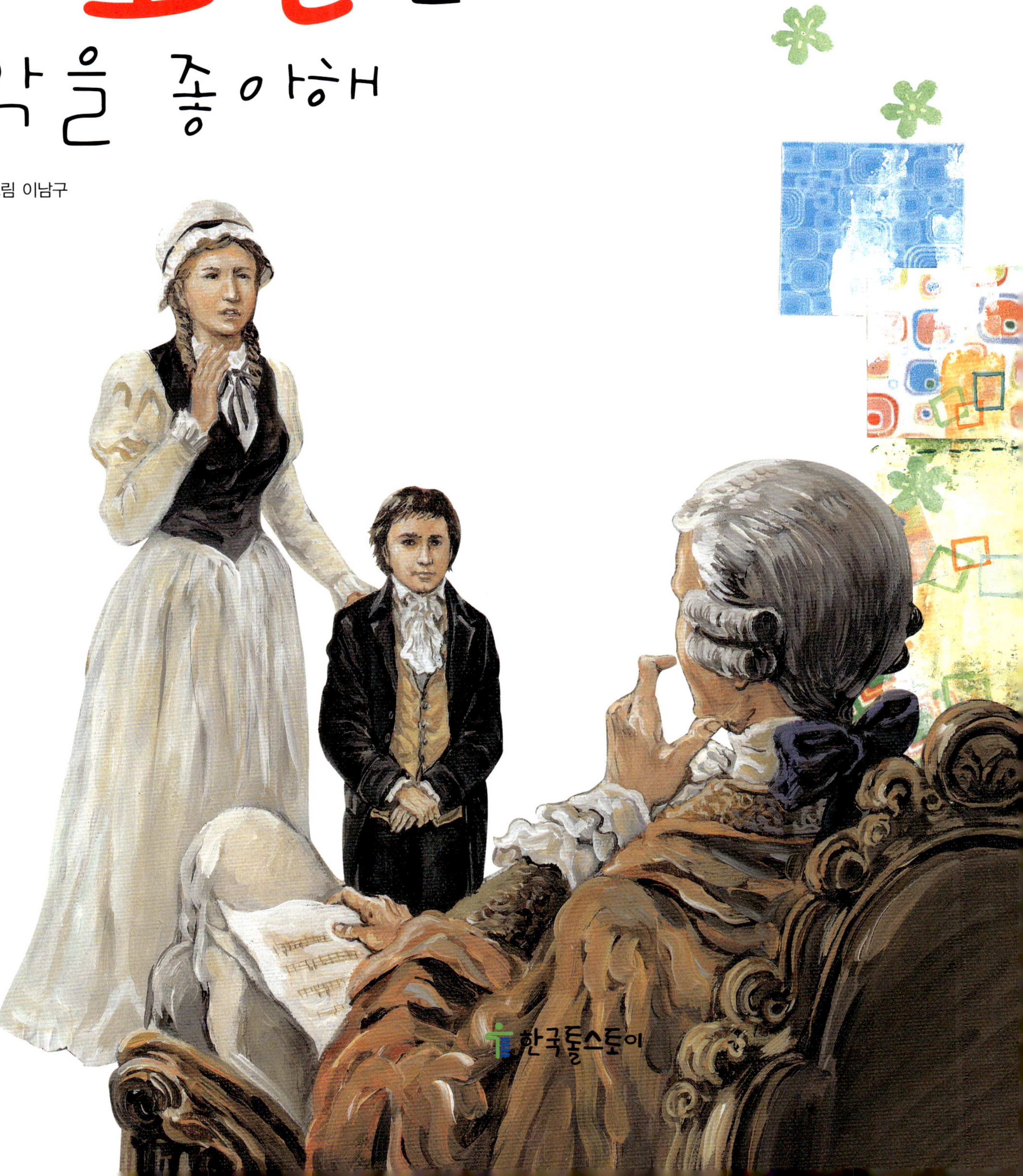

한국톨스토이

베토벤은 독일의 본에서 태어났어요.
"이다음에 훌륭한 음악가가 되렴."
할아버지가 베토벤을 안고 말했어요.
할아버지는 궁궐에서 일하는 음악가였어요.
베토벤에게 음악가 이야기도 들려주고,
피아노도 가르쳐 주셨지요.
하지만 베토벤이 세 살 때 돌아가시고 말았어요.

▲ 본은 독일 라인 강 서쪽에 있는 도시예요.

베토벤은 어릴 때부터 음악을 좋아했어요.
그래서 피아노를 잘 쳤지요.
어느 날, 베토벤이 피아노 치는 소리를 듣고
아버지는 깜짝 놀랐어요.
"가르쳐 주지도 않은 노래를 이렇게 잘 치다니!"
아버지는 베토벤을 음악가로 키워
돈을 벌어야겠다고 생각했어요.
"우리 아이도 모차르트처럼 만들어 봐야지."

통통알림장

당시에는 천재 소년 모차르트가 음악가로 크게 이름을 떨치고 있었어요. 모차르트는 오스트리아의 작곡가로, 수많은 음악 작품을 남겼지요.

아버지는 베토벤에게 쉬지 않고 연습을 시켰어요.
"하루 종일 피아노 연습을 해라.
조금이라도 틀리면 안 돼!"
베토벤은 피아노 치는 게 싫증이 났어요.
그럴 때마다 아버지는 무섭게 야단을 쳤어요.
어머니는 베토벤을 따뜻하게 감싸 주었지요.
"얘야, 힘들지? 그래도 다시 해 보렴."

어머니는 베토벤의 재능을 키우려면
실력 있는 선생님에게 배워야 한다고 생각했어요.
그래서 유명한 음악가 네페를 찾아갔어요.
"선생님, 제 아들을 가르쳐 주세요."
네페는 베토벤의 연주를 듣고 깜짝 놀랐어요.
"굉장하구나. 모차르트도 금방 앞지를 수 있겠다!"
네페는 베토벤에게 작곡도 가르쳐 주고,
궁중 악단의 오르간 연주도 맡겼어요.

통통알림장

네페는 독일의 작곡가이자 오르간 연주자예요. 베토벤을 따뜻하게 보살펴 주고, 훌륭한 음악가가 될 수 있게 이끌어 주었어요.

열일곱 살이 된 베토벤은 음악 공부를 더 하려고
오스트리아의 빈으로 떠났어요.
빈은 음악가들이 많이 사는 도시예요.
"어머니, 꼭 훌륭한 음악가가 돼서 돌아올게요."
"그래, 내 걱정은 하지 말고,
열심히 배우고 와라."

통통알림장

베토벤에게는 빈으로 공부하러 갈 돈이 없었지만 재능을 알아본 주위의 귀족들이 빈으로 갈 수 있도록 도와주었어요.

안녕히 계세요!

"아, 여기는 정말 아름다운 곳이구나!"
빈에 도착한 베토벤은 아름다운 꽃과 숲을 보자
갑자기 고향이 떠올랐어요.
어디선가 할아버지 목소리가 들리는 것 같았지요.
어머니의 따뜻한 미소도 그리웠어요.
"힘내자! 이제 나 혼자 힘으로 헤쳐 나가야 해."

베토벤은 음악의 천재라고 불리던
모차르트를 찾아갔어요.
"저에게 음악을 가르쳐 주십시오."
"그럼 자네의 연주를 한번 들어 볼까?"
베토벤은 거침없이 피아노를 쳤어요.
모차르트는 베토벤의 연주에 빠져들었어요.
"훌륭해, 아주 훌륭해!"
모차르트는 베토벤을 칭찬해 주었어요.

통통알림장

베토벤은 모차르트의 제자가 되었지만 어머니가 돌아가셔서 고향으로 돌아가야 했어요. 그 뒤 베토벤은 5년이 지나서야 빈으로 돌아올 수 있었지요.

어느 날, 어떤 귀족이 베토벤을 찾아왔어요.
"부르크 극장에서 연주를 해 주시오."
부르크 극장은 세계적으로 아주 뛰어난 연주가들만
공연할 수 있는 곳이었어요.

"아, 드디어 내가 첫 연주회를 하게 되다니!"
베토벤의 연주회는 성공을 거두었어요.
"너무 멋져요! 정말 굉장한 곡이에요."
사람들은 너도나도 베토벤의 연주를 칭찬했어요.

연주회가 성공하자 베토벤의 이름은 널리 퍼져 나갔어요.
"베토벤의 음악은 힘이 넘쳐."
"이런 음악은 한 번도 들어 본 적이 없어."
베토벤은 여러 나라에서 초청을 받아 연주회를 열었어요.

베토벤은 아름다운 여인과 사랑에 빠졌어요.
줄리에타라는 명랑하고 귀여운 아가씨였지요.
"저를 위해 조금 쉬운 곡을 만들어 주실래요?"
"줄리에타, 당신을 위해서라면 당장 해 드리지요."

베토벤은 줄리에타를 위해
부드럽고 아름다운 곡인 〈월광〉을 만들었어요.
"줄리에타, 내 마음이 담긴 곡입니다."
하지만 줄리에타의 어머니는
두 사람이 만나는 것을 반대했어요.
"우리는 귀족 집안이에요.
당신 같은 사람과 결혼시킬 수 없어요."
줄리에타와 헤어진 베토벤은 너무 슬펐어요.

어머니, 너무하세요. 흑흑흑!

줄리에타, 베토벤은 안 돼.

어느 날부터 베토벤은 갑자기 귀가 아파 왔어요.
그러더니 소리까지 들리지 않게 됐지요.
'내가 소리를 들을 수 없다니!
아, 이럴 수가! 음악을 할 수 없으면 어쩌지?'
베토벤은 소리를 들을 수 없다는 것이
사람들에게 알려질까 봐 두려웠어요.
그래서 아무도 만나지 않고 집에서 작곡만 했지요.

베토벤은 앞으로 음악을 할 수 없다는 생각에
가슴이 찢어지는 것처럼 아팠어요.
'음악은 나의 전부야. 그런데 음악을 할 수 없게 되었으니
더 이상 살아야 할 이유가 없어.'
베토벤은 죽을 생각으로 동생들에게 글을 남겼어요.
그런데 글을 쓰고 나니 오히려 마음이 편안해졌어요.
'그래, 이렇게 죽으면 안 돼! 나에게는 음악이 있어.'

베토벤은 다시 작곡에 온 힘을 기울였어요.
소리를 들을 수는 없었지만,
마음속에서는 음악이 끊임없이 샘솟았지요.
하지만 점점 병이 깊어졌어요.
어느 날, 작곡가 슈베르트가 찾아왔어요.
"선생님을 오래전부터 존경했습니다.
좀 더 일찍 찾아오지 못해 죄송합니다."
슈베르트는 베토벤을 찾아온 마지막 손님이었어요.

통통알림장

슈베르트는 오스트리아의 유명한 작곡가예요. 가곡과 피아노곡 등 수많은 작품을 남겼어요.

얼마 후, 베토벤은 조용히 눈을 감았어요.
"이제는 끝났다."
베토벤은 이 말을 마지막으로 남기고,
쉰일곱 살의 나이로 세상을 떠났어요.

빈의 광장에는 베토벤의 죽음을
슬퍼하는 사람들이 끝도 없이 몰려들었어요.
베토벤의 음악은 지금도 수많은 사람들의 가슴에
깊은 감동을 주며 울려 퍼지고 있답니다.

만나고 싶은 통큰인물

베토벤은 독일의 세계적인 작곡가예요.
어렸을 때 피아노와 작곡을 배운 뒤, 오스트리아로 건너가
모차르트와 하이든에게서 가르침을 받고 작곡과 연주 활동을 했어요.
한창 활동하던 중 귓병에 걸려 소리를 들을 수 없게 되어 버렸지만,
장애를 이겨 내고 수많은 곡들을 남겼어요. 작품으로 교향곡 〈운명〉,
〈전원〉, 〈합창〉과 〈월광〉, 〈비창〉 등의 피아노 소나타 곡이 있어요.

루드비히 판 베토벤
Ludwig van Beethoven : 1770~1827년

▲ 빈에 있는 베토벤 하우스

▲ 베토벤이 활동했을 당시의 빈 풍경

▲ 오스트리아의 비엔나 콘서트홀

- 프랑스 혁명이 일어났어요. (1789년)

1787년
모차르트를 만났어요.

1781년
네페에게 피아노와 작곡을 배웠어요.

1776년
아버지에게 음악을 배우기 시작했어요.

- 정조가 왕위에 올랐어요. (1776년)
- 미국 독립 전쟁이 일어났어요. (1775년)

1770년
독일의 본에서 태어났어요.

나는 소리가 안 들리는 내 운명과 맞서 싸워 반드시 이길 것이다.

귀가 안 들리기 때문에 죽는다면

음악을 영원히 할 수 없다.

음악을 위해 나는 살아야 한다.

— 베토벤 —

▲ 베토벤의 〈현악 4중주〉 악보

◀ 베토벤의 동상

▲ 베토벤이 쓰던 바이올린과 비올라

나도 통큰인물 될래요

소리가 안 들려도 이겨 내야 해!

▲ 베토벤의 악보와 청음기

베토벤은 27세 이후부터 귓병이 나서 소리를 잘 들을 수 없었어요. 그래서 나팔처럼 생긴 청음기를 귀에 대고 겨우 소리를 들었지요. 청음기는 흩어진 소리를 모아 주는 기구예요. 하지만 40세쯤부터는 소리를 거의 들을 수 없게 되었지요. 슬픔에 빠진 베토벤은 음악가로 활동할 수 없다는 생각에 죽을 생각까지 했지만, 음악을 위해 살아야 한다는 용기를 냈어요. 그는 장애를 이겨 내고 열심히 작곡에 매달려 아름다운 곡들을 만들어 냈답니다.

베토벤의 선생님, 하이든

베토벤은 오스트리아의 빈으로 음악을 공부하러 가서 음악가 하이든을 만났어요. 하이든은 작곡가이자 지휘자로 아주 유명했지요. 하이든은 100여 곡이 넘는 교향곡을 작곡하여 '교향곡의 아버지'로 불렸어요. 늙은 하이든은 젊고 재주가 뛰어난 베토벤을 친절하게 가르쳐 주었어요. 하이든은 베토벤이 지금까지의 곡들과 달리 힘차고 새로운 곡을 써 보고 싶다고 하면, 그렇게 하라며 젊은 사람의 생각도 받아들였지요.

▲ 베토벤의 선생님이었던 하이든

베토벤 시대의 음악가들

◀ 슈베르트

- **모차르트** 어릴 때부터 연주회를 열었고, 오페라와 교향곡 등 수많은 곡을 지었어요. 베토벤은 모차르트를 본받고 싶어 했지요. 베토벤은 모차르트에게 아주 잠깐 동안 음악을 배웠어요.
- **슈베르트** 아름다운 가곡으로 유명한 음악가로, 베토벤을 존경했어요. 슈베르트는 죽을 때도 베토벤 무덤 곁에 묻어 달라고 했어요. 빈의 중앙 묘지에는 베토벤과 슈베르트의 무덤이 있답니다.
- **체르니** 베토벤의 제자예요. 오스트리아에서 피아노 선생님의 아들로 태어났고, 베토벤에게 음악을 배웠어요. 여러 종류의 곡을 지었는데, 특히 피아노 연습곡을 쓴 것으로 유명해요. 체르니의 곡들은 오늘날까지도 피아노 연습을 위한 교재로 쓰인답니다.
- **로시니** 이탈리아의 오페라를 널리 알린 음악가예요. 베토벤은 로시니가 작곡한 노래들을 아주 뛰어나다고 칭찬했고, 로시니도 베토벤의 곡에 관심이 많았답니다.

▲ 빈의 중앙 묘지에 함께 있는 베토벤의 묘비(왼쪽)와 슈베르트의 묘비(오른쪽)

음악의 도시 빈이 궁금해!

▲ 오스트리아 빈에 있는 국립 오페라 극장

빈은 오스트리아의 음악 도시로 유명해요. 베토벤이 살던 당시, 빈에는 훌륭한 음악가들이 많이 모여 있었어요. 다뉴브 강과 숲이 어우러진 아름다운 경치가 음악가의 마음을 즐겁게 해 주어 더 멋진 음악을 만들 수 있었지요. 그 뒤로도 음악가들은 빈에서 활발하게 활동을 했고, 빈은 음악을 하려는 사람들이 모여드는 음악 도시가 되었답니다.